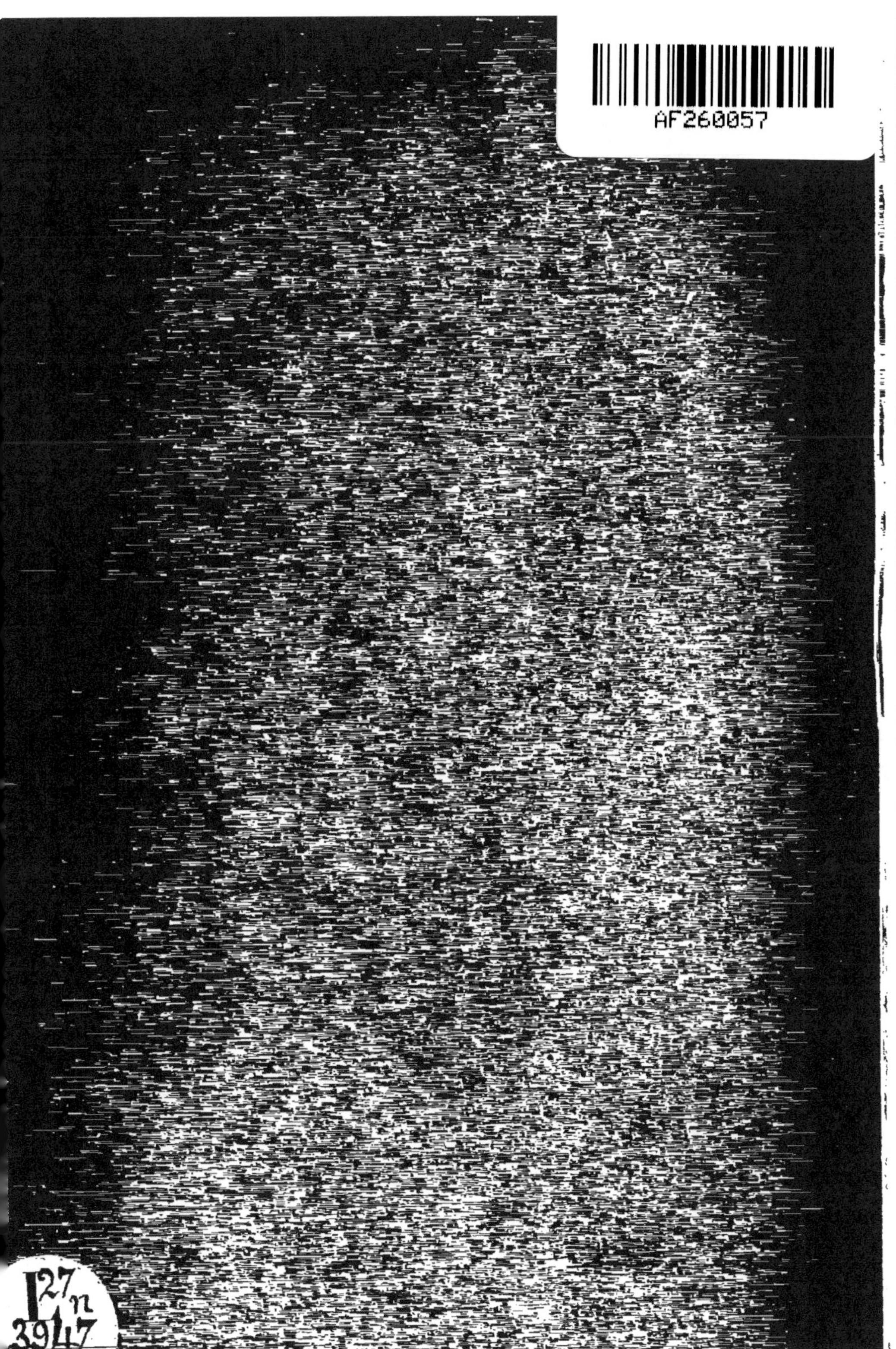

DU LIEU DE NAISSANCE
DE GODEFROI DE BOUILLON.

ENCORE UN MOT SUR CETTE QUESTION,

PAR M. L'ABBÉ HAIGNERÉ,

SECRÉTAIRE PERPÉTUEL DE LA SOCIÉTÉ ACADÉMIQUE DE BOULOGNE-SUR-MER.

La France et la Belgique se disputent l'honneur d'être la terre natale de Godefroi de Bouillon. C'est qu'en effet, si le héros de la première croisade appartient par son père à la race des comtes de Boulogne, il appartient aussi par sa mère à la descendance des ducs de la basse Lorraine. En outre, la plus grande partie de son existence, au sortir des obscurités de son berceau, s'est passée sur le territoire belge, où le duc Godefroi le Bossu, son oncle, lui avait laissé par héritage diverses propriétés.

Eustache II, comte de Boulogne, avait eu de sa femme, Ide de Lorraine, trois fils, savoir : Eustache III, qui lui succéda dans le gouvernement de son comté; Godefroi, qui devint duc de Bouillon, puis roi de Jérusalem; et Baudouin, prince d'Édesse, successeur de Godefroi au royaume de la Terre sainte.

On sait comment les trois fils du comte de Boulogne s'illustrèrent à la croisade, où Eustache et Baudouin, sous la conduite de Godefroi, combattaient, dit le chroniqueur, « comme deux lions aux côtés d'un lion : *velut duo juxta leonem leones.* »

Mais où sont nés les fils du comte de Boulogne? Telle est la question sur laquelle les historiens sont divisés.

Les uns, d'accord avec les présomptions que le bon sens indique, font naître Godefroi et ses frères à Boulogne, résidence habituelle du comte Eustache et de la comtesse Ide. Les autres, se laissant entraîner à suivre de vagues légendes généalogiques, se prononcent pour le village de Baisy, près de Genape, en Brabant.

Une discussion s'est agitée, de nos jours, sur ce sujet, entre les

érudits des deux nations. Soulevée en 1832, au point de vue français, dans le sein de la Société d'agriculture de Boulogne, par
M. P. Hédouin [1]; reprise par notre collègue M. Ch. Marmin, dans les
Annales boulonaises [2], en 1851; savamment élucidée par M. l'abbé
E. Barbe, dans deux brochures [3] qui ont paru en 1855 et en 1858;
débattue solennellement au congrès archéologique de Dunkerque [4]
en 1860; appuyée par le suffrage unanime de l'Académie d'Arras [5],
de la Société des antiquaires de Picardie [6], de la Société des antiquaires de la Morinie [7], de la Société académique de l'arrondissement
de Boulogne [8], cette question a rencontré pour principaux adver-
saires en Belgique : M. le baron de Hody, procureur du roi à
Bruxelles [9]; puis Mgr de Ram, recteur de l'université de Louvain [10],
qui tiennent tous deux le parti de Baisy.

[1] *Procès-verbaux*, trav. de 1830 à 1832, p. 171-180.

[2] T. II, p. 115-120.

[3] *Du lieu de naissance de Godefroi de Bouillon*, brochure grand in-8° raisin de
126 pages, 1855; — *Nouveaux éclaircissements sur la question du lieu de naissance
de Godefroi de Bouillon, en réponse à une notice de M. le recteur de l'université de
Louvain sur le même sujet*, brochure grand in-8° raisin de 139 pages, 1858. Boulogne, Ch. Aigre, et Paris, J. Lecoffre.

[4] *Congrès archéologique de France*, 27° session, t. XXIV, p. 98-118. — Voir
encore une brochure intitulée : *La question du lieu de naissance de Godefroi de
Bouillon, discutée au congrès de Dunkerque en 1860*, in-8° de 24 pages. Boulogne,
Ch. Aigre, 1862.

[5] *Rapport* de M. l'abbé Proyart, dans le tome XXXIII des *Mémoires* de cette
Société.

[6] *Notice sur le lieu et l'époque de la naissance de Godefroi de Bouillon*, par M. Amédée
de Poucques d'Herbinghem (*Bulletin*, n° 1, année 1856), réimprimée en brochure
sous ce titre : *Projet d'élever une statue à Godefroi de Bouillon, sur la place de l'Hôtel
de ville, à la haute ville de Boulogne-sur-Mer*, in-8° de 24 pages, Amiens, Duval
et Herment, 1856.

[7] *Rapport* de M. A. Courtois. (*Bulletin* de la Société, XXI° livr. p. 296-304.)

[8] *Dissertation* par M. H. de Rosny, vice-président, insérée dans le premier vo-
lume des *Mémoires*, p. 95-130, 1866.

[9] *Description des tombeaux de Godefroid de Bouillon et des rois latins de Jérusalem, jadis existant dans l'église du Saint-Sépulcre ou de la Résurrection*, Bruxelles,
1855, in-8°; — *Godefroid de Bouillon à Boulogne-sur-Mer, à Bruxelles et à Jérusalem, lettre à M. le comte d'Héricourt*, brochure in-8°, Bruxelles, 1863.

[10] *Notice sur le lieu de naissance de Godefroid de Bouillon*, par P. F. X. de Ram,
Bruxelles, 1857, in-8°.

Depuis les *Nouveaux éclaircissements* de M. l'abbé Barbe, et après les publications diverses qui en ont été la suite et le complément, ce serait un travail superflu de reprendre *ex professo*, même pour la résumer, une discussion qui paraît avoir laissé la victoire aux défenseurs de l'opinion française. Toutefois, comme la Société académique de Boulogne a pris officiellement sous son patronage le projet d'élever dans cette ville une statue à Godefroi de Bouillon [1], j'ai cru qu'elle ne saurait donner trop de publicité aux motifs qui l'ont déterminée à une telle entreprise. Avant qu'un appel soit adressé à tous ceux qui ont à cœur d'honorer l'une des plus belles figures des âges chevaleresques, il m'a semblé qu'il était indispensable de venir affirmer la naissance boulonaise du duc de Bouillon devant les représentants de l'érudition française, assemblés dans la scientifique enceinte de notre vieille Sorbonne, sous la présidence du Ministre de l'Instruction publique. Je le ferai d'ailleurs le plus brièvement possible, en me bornant aux seuls textes qui soient vraiment décisifs.

La Belgique, pour réclamer Godefroi de Bouillon, se fonde sur une croyance traditionnelle, qui trouve des échos de siècle en siècle, en remontant depuis nos jours jusqu'à l'an 1269, ou environ, sans qu'on puisse en découvrir la moindre trace au delà de cette date. Or voici textuellement ce que disent les plus anciens de ces documents : « Les trois fils du comte de Boulogne, Godefroi, Baudouin, Eustache, bien qu'on les ait surnommés *de Bouillon*, sont nés et ont été élevés en Brabant, c'est à savoir à Baisy, près de Genape, château du duc de Brabant : *qui licet nominati sunt de Boilon, nati tamen et nutriti sunt in Brabantia, scilicet apud Baisiu apud Genapiam, castrum ducis Brabantie* [2]. » Ainsi, ce ne serait pas seulement à Godefroi, ce serait à toute la descendance d'Eustache et d'Ide que la Belgique aurait donné la naissance et même l'éducation : *nati et nutriti sunt in Brabantia*. En vain l'histoire montre-t-elle, chartes en main, que leur père a constamment habité

---

[1] Délibérations des 5 juillet et 10 octobre 1865.

[2] *Recherches sur l'histoire des comtes de Louvain et sur leurs sépultures à Nivelles*, par P. F. X. de Ram, p. 28. (Extrait des *Mémoires de l'Académie royale de Bruxelles*, t. XXVI.)

le Boulonais ; en vain est-il prouvé que leur mère, quoique originaire de la basse Lorraine, s'est mariée à Boulogne et a vécu jusqu'à sa mort dans le Boulonais ; en vain toutes ses bonnes œuvres, qui l'ont conduite à la sainteté, se sont-elles exclusivement concentrées sur son pays d'adoption, au point qu'elle vendit à des étrangers ses alleux paternels pour en distribuer l'argent aux pauvres et aux églises de son comté[1] : les textes belges sont inexorables ; Godefroi, Eustache et Baudouin ont vu le jour et ont passé leur enfance, *nati et nutriti sunt,* hors des États de leur père, dans un château de village, à la merci des ennemis de leur famille, lesquels régnaient sur le pays ! Et quel est l'historien qui assume la responsabilité d'une assertion aussi contraire à la vraisemblance ? C'est l'anonyme auteur d'une généalogie prolixe, inscrite sur les feuillets de garde d'un manuscrit du xiiie siècle, appartenant à la bibliothèque de l'université de Liége[2].

A la tradition brabançonne les partisans de l'opinion française opposent la tradition de Boulogne, consignée dans les mémoires des historiens locaux. Ils rappellent que, suivant d'anciens registres, cités par le prêtre Luto, on montrait encore dans cette ville, en 1457, l'emplacement de l'ancien palais des comtes, où Godefroi prit naissance[3].

Pour confirmer la tradition boulonaise, on lui trouve dans le passé les fondements les plus solides. Il y a un texte de Guillaume de Tyr, le prince des historiens de la croisade, qui dit d'une manière formelle, précise, circonstanciée, en parlant de Godefroi : « Oriundus fuit de regno Francorum, de Remensi provincia, civitate Boloniensi, quæ est secus mare Anglicum sita ; » c'est-à-dire : « Godefroi est natif du royaume de France, de la province ecclésiastique de Reims, de la cité de Boulogne, qui est assise sur les bords de la mer d'Angleterre[4]. »

---

[1] Voir les *Preuves* dans les *Nouveaux éclaircissements,* troisième partie, c. ii.

[2] Manuscrit n° 77, cité par Mgr de Ram dans les *Recherches sur l'histoire des comtes de Louvain,* p. 28.—Voy. les *Nouveaux éclaircissements,* troisième partie, c. i.

[3] *Compte du revenu de l'hôpital,* dans Luto, *Mémoires sur l'histoire de Boulogne,* Introduction, p. vii. (Manuscrit de la bibliothèque publique de Boulogne.)

[4] Livre IX, c. v.

Ensuite, pour couper court aux commentaires des puristes, et
pour qu'on ne doutât point du sens d'*oriundus*, l'auteur a pris soin
de s'expliquer lui-même dans un texte parallèle. Au chapitre premier du dixième livre, en parlant de Baudouin, Guillaume de Tyr
dit en effet : « Il serait inutile de répéter sur l'origine terrestre de
Baudouin, sur l'illustration de ses parents ou le lieu de sa naissance, *nativitatis loco*, ce que nous avons déjà dit avec une étendue
suffisante, à l'occasion de son frère Godefroi, sur ce point, qui leur
est commun à tous les deux [1]. »

Est-il possible d'être plus clair?

Et si les grammairiens soulèvent encore des questions vétilleuses,
on a la traduction française de Guillaume de Tyr, cette traduction
quasi contemporaine de l'auteur, répandue à de nombreux exem-
plaires au commencement du xiiie siècle, dans toutes les bibliothèques de l'Europe, et qui porte sans ambiguïté possible : « Il fu
nez el regne de France, à Boulongne seur la mer, qui fu jadis citez,
or est chastiaux en l'éveschié de Téroanne [2]. »

Voilà donc la naissance boulonaise de Godefroi affirmée en
latin et en français par un écrivain de l'an 1184, antérieur de
près de cent ans au généalogiste brabançon. Cet écrivain est un
archevêque de la Terre sainte, lettré, érudit, qui avait beaucoup
voyagé; ne mérite-t-il pas plus de confiance que le scribe obscur,
anonyme et ignoré qui a déposé furtivement son amplification
sur les feuillets de garde d'un manuscrit?

Je m'empresse d'ajouter que ce n'est pas là le seul témoignage
que Boulogne puisse invoquer à l'appui de sa thèse. Il y en a deux
autres aussi sérieux, aussi authentiques, aussi concluants et plus
anciens. Le premier est d'un géographe dont l'ouvrage est anté-

---

[1] Voir l'étude et le développement des textes de Guillaume de Tyr dans les
Nouveaux éclaircissements.

[2] *Recueil des historiens des croisades*, publié par les soins de l'Académie des
inscriptions et belles-lettres, t. I, p. 370. Tous les manuscrits du xiiie siècle sont
d'accord sur le texte *Il fu nez*. Voir les *Nouveaux éclaircissements*, p. 14, 15. —
Quant au commentaire ajouté par le traducteur : *jadis citez, or est chastiaux en
l'éveschié de Téroanne*, c'est une preuve que cet écrivain avait une grande connais-
sance des localités. Boulogne, en effet, a été jadis une ville épiscopale, *civitas*,
avant d'être réduite au rang de simple *castrum* dans le diocèse de Thérouanne.

rieur à celui de Guillaume de Tyr; le second est d'un chroniqueur qui écrivait entre les années 1106 et 1109, et qui est rigou-
reusement contemporain des événements qu'il rapporte. Je me
permettrai de m'y arrêter un peu plus que je ne l'ai fait pour
Guillaume de Tyr, parce que le texte de Fretellus n'a pas encore
été produit dans la discussion, et parce que je pense être à même
de donner à l'abréviateur de Foucher une autorité dont il n'a
point semblé revêtu jusqu'ici.

Fretellus, archidiacre d'Antioche, a composé, sous le règne du
roi Amaury Ier, une « Description des lieux saints, » *Descriptio lo-
corum circa Iherusalem adjacentium*, dont on cite deux rédactions,
inégalement développées, qui ont été dédiées à des pèlerins de la
Terre sainte. Il y en a une qui a été offerte par l'auteur à Rodric,
comte de Tolède, *R., comiti Toletano* [1], et qui a été imprimée par
Mansi [2]. L'autre, qui est inédite, porte dans son prologue le nom
de « H., évêque d'Olmutz (?), » *H., Olomacensium antistiti.* Toutes
deux sont conservées dans différentes bibliothèques et font partie
de recueils manuscrits dont l'écriture est du xiie siècle.

De la seconde rédaction je connais trois manuscrits, tous de la
même époque : celui de Douai (H, 838, xiie siècle), provenant de
Marchiennes; celui de Paris (Bibl. imp. fonds lat. 5129, xiie siècle),
provenant de Saint-Amand; celui de Montpellier (bibl. de l'école
de médecine, n° 39, xiie siècle). Il doit y en avoir un autre dans la
Bibliothèque royale de Bruxelles [3].

---

[1] Fabricius (*Bibl. lat. med. et inf. œtat.* t. II, p. 203), Mansi (*Miscell.* de
Baluze, t. I, p. 435, et Migne, *Patr. lat.* t. CLV, 1038), veulent expliquer
R., comiti Toletano, par « Raymond, comte de Toulouse. » Cette interprétation est
nadmissible. Le manuscrit n° 294bis de la bibliothèque de Troyes (*Catal. gén. des
manuscrits des bibl. pub. des dép.* t. II, p. 141) se termine par ce vers :

Scripto completo, consul RODRICE, valeto,

qui traduit la lettre *R*. Pour éviter la méprise dans laquelle on est tombé, il eût suffi
de remarquer ces mots du prologue, adressé au destinataire du manuscrit : « Ergo
quoniam devote... huc transfretans, de longe remotis HISPANIARUM finibus ac-
cessisti. (Migne, *Patr. lat.* t. CLV, col. 1039.)

[2] Mansi n'a pas connu les anciens manuscrits : il s'est contenté d'une copie
du xive siècle.

[3] Je n'ai pu consulter ce dernier manuscrit, qui se trouve momentanément

Or, dans ces trois manuscrits, contenant identiquement le même ouvrage, composé, ainsi que je l'ai dit plus haut, sous le règne d'Amaury Ier (1162-1173), il y a, comme dans Guillaume de Tyr, une parole qui donne un démenti formel à la tradition belge. Cette parole la voici, et Fretellus la prononce à propos de la ville d'É-desse, dont Baudouin s'était mis en possession avant même que Godefroi, son frère, eût pris Jérusalem : « O in quantum fortu-nata Boloniæ civitas, quæ tantum ac talem edidit virum, Edessæ futurum dominatorem, in throno regis Abgaron! Oh! combien est heureuse la cité de Boulogne, qui a DONNÉ LE JOUR à un tel valeu-reux guerrier, futur conquérant d'Édesse, lequel s'est assis sur le trône du roi Abgare [1]! »

Que devient, en présence de ce texte, le *nati et nutriti sunt in Brabantia, scilicet apud Baisiu,* du généalogiste de 1269?

Remontons plus haut, et passons à l'abréviateur de Foucher de Chartres. J'ai dit que cet abréviateur a écrit avant l'an 1109. On en a la preuve, en ce qu'il parle de Tripoli comme n'étant pas encore tombée au pouvoir des chrétiens. C'est un fait acquis à l'histoire littéraire, et dont il n'y a pas lieu de douter.

L'auteur est anonyme, et son ouvrage, connu sous le titre de *Gesta Francorum Iherusalem expugnantium,* a été publié par Bon-gars en 1611. L'Académie des inscriptions et belles-lettres vient de le réimprimer dans le tome III du *Recueil des historiens des croi-sades,* après en avoir revisé le texte sur les manuscrits les plus corrects et les plus anciens, dont deux sont du XIIe siècle [2].

---

déplacé, suivant ce que m'écrit M. Kervyn de Lettenhove, à l'obligeance de qui j'ai eu recours pour cet objet.

[1] Ce texte, qui a été glissé par interpolation dans le dernier chapitre des *Gesta Francorum* (ms. n° 2159 de la bibliothèque de Copenhague, XIIIe siècle), et qui a été imprimé en note avec la variante *O in quantam fortunam,* au lieu de *in quantum fortunata,* dans le *Recueil des historiens des croisades* (t. III, p. 543 n.), se trouve dans les manuscrits de Fretellus que j'ai cités plus haut. M. l'abbé Debaisnes, ar-chiviste de Douai, et M. Léopold Delisle, de la Bibliothèque impériale, ont bien voulu se donner la peine d'en faire pour moi la vérification. Pour le manuscrit de Montpellier, voyez le *Catalogue des manuscrits des bibl. pub. des dép.* t. I, p. 301.

[2] Manuscrit de Douai (II, 838), manuscrit de Saint-Omer (n° 776), tous deux du XIIe siècle, et manuscrit de Copenhague n° 2159, XIIIe siècle.

On y rencontre, comme dans l'opuscule de Fretellus, un passage des plus importants pour la défense de la tradition boulonaise. M. l'abbé Barbe l'a cité dans ses deux brochures; mais il n'a pu en faire usage qu'avec une certaine réserve, et voici pourquoi : les *Gesta Francorum Iherusalem expugnantium* sont suivis d'un épilogue en vers, et c'est dans cet épilogue que se trouve le passage en question. Or, comme Bongars, tout en publiant cet épilogue à la fin de l'ouvrage, a eu la fantaisie d'en répartir les vers en double emploi, par manière d'argument, le long des marges, à mesure que les événements auxquels ces vers se rapportent prennent place dans le récit, Mgr de Ram n'a voulu y voir que des notes de copiste et des vers apocryphes, « rédigés peut-être, a-t-il dit, par Bongars lui-même[1]. »

C'était, de la part d'un homme aussi sérieux que devait l'être Mgr de Ram, une appréciation bien légère. Pour peu qu'il se fût donné la peine de chercher la vérité sur ce point, et qu'il eût interrogé les manuscrits des *Gesta Francorum,* il se fût convaincu que les vers dont il faisait si bon marché sont bien l'œuvre de l'auteur, et non des gloses de copistes. Les dix-huit vers ïambiques de l'épilogue se lisent dans tous les manuscrits, notamment dans celui de Douai, déjà cité, lequel est du xiie siècle[2], ce qui ferme la bouche à la critique.

On y lit :

> Urbium exterior Flandriæ Bolonia
> Reges ambos edidit nobili prosapia
> (Id est Godefridum et Balduinum).
> Patre Eustachio mater Ida principes
> Regnantes Iherusalem genuit hos nobiles.
> Fit, post mortem Godefridi, regis invictissimi,
> Balduinus, frater ejus, dux, rex Iherosolymis.
> Ida mater Karlomanni descendit de genere,
> Soror ducis Godefridi inclyti Lothariæ[3].

C'est-à-dire : « Boulogne, ville frontière de Flandre, A DONNÉ LE

---

[1] Voir les *Nouveaux éclaircissements,* deuxième partie, § 6.

[2] Non-seulement l'âge des manuscrits mais encore leur parfaite concordance sont une preuve invincible de l'authenticité du texte.

[3] *Recueil des historiens des croisades,* t. III, p. 543.

jour à ces deux rois de noble lignée, Godefroi et Baudouin. Ide, leur mère, a eu de son époux Eustache ces nobles princes, qui règnent à Jérusalem. Après la mort de Godefroi, roi invincible, le duc Baudouin, son frère, devient roi de Jérusalem. Ide, leur mère, sœur de l'illustre duc Godefroi de Lorraine, descend de la race de Charlemagne. »

Ainsi donc, suivant l'auteur des *Gesta Francorum*, qui écrivait sous le règne de Baudouin, cinq ou six ans après la mort de Godefroi de Bouillon, c'est Boulogne qui a donné le jour aux deux premiers rois de la Terre sainte, *Bolonia reges ambos edidit* : troisième démenti que le XIIᵉ siècle inflige au généalogiste de Liége.

Je conclus.

En présence de ces trois textes, dont l'un est strictement contemporain, et dont les deux autres sont très-voisins de l'époque où les personnages ont vécu, peut-on se refuser à proclamer comme un fait certain la naissance boulonaise de Godefroi de Bouillon? Peut-on ne pas cesser enfin de dire, avec Michaud et tant d'autres, que les fils du comte de Boulogne sont nés en Brabant?

Espérons que notre siècle, déjà si fécond en rectifications historiques, acceptera celle que nous lui proposons : elle tend à faire restituer à la France une gloire dont la Belgique réclamait pour elle seule la possession.

IMPRIMERIE IMPÉRIALE. — 1868.

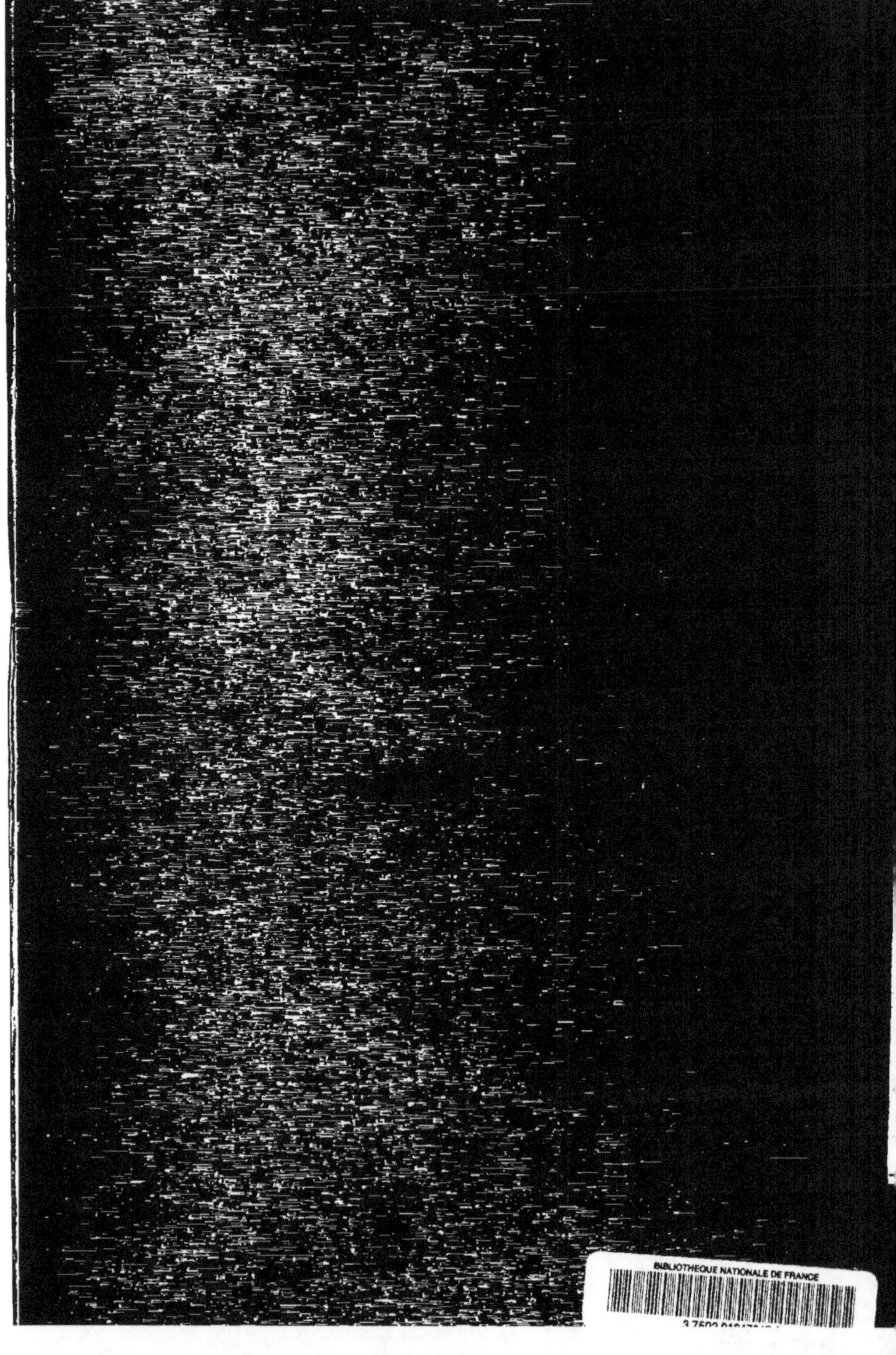